COMPÉTENCE

COMMERCIALE

Octobre 1893

LYON

IMPRIMERIE MOUGIN-RUSAND

3, Rue Stella, 3

—

1893

COMPÉTENCE COMMERCIALE

La compétence est la mesure du pouvoir délégué à un Tribunal par le législateur.

Ce pouvoir se nomme *juridiction, jus dicere*, droit de dire ou de juger.

Les Tribunaux de commerce sont des Tribunaux d'exception et, comme tels, ne peuvent connaître que des causes spéciales dont les Tribunaux ordinaires, c'est-à-dire ceux ayant plénitude de juridiction, ont été dessaisis par une loi expresse.

D'une manière absolue, les Tribunaux d'exception ne peuvent connaître de l'exécution de leurs jugements (art. 442 Code de procédure civile).

La compétence commerciale peut être considérée sous trois rapports qui serviront de division à ce résumé :

1° Relativement à la nature ou à la matière du litige ; c'est la compétence d'*attribution, ratione materiæ* ;

2° Relativement à la qualité des personnes entre lesquelles existe le débat ; c'est la compétence *personnelle, ratione personæ* ;

3º Relativement au lieu du siège du Tribunal et à l'*étendue territoriale* de sa juridiction ; c'est la compétence *ratione loci.*

A la suite de l'examen de ces trois moyens de compétence, nous indiquerons, comme complément, les règles à observer pour qualifier les jugements au point de vue du ressort.

Avant d'étudier ces quatre degrés de compétence et comme règle générale, il convient d'examiner la procédure à suivre dans le cas où la compétence est contestée. Cette procédure est déterminée par les articles 424 et 425 du Code de procédure civile.

Art. 424. — *Si le Tribunal de commerce est incompétent à raison de la matière, il renverra les parties, encore que le déclinatoire n'ait pas été proposé. Le déclinatoire, pour toute autre cause, ne pourra être proposé que préalablement à toute autre défense.*

Le Tribunal doit donc, *même au cours des débats,* soulever d'office l'incompétence lorsqu'il s'agit de l'incompétence *ratione materiæ* et par suite les parties ont également le droit d'invoquer, en tout état de cause, ce moyen de défense qui peut, même pour la première fois, être soulevé en appel (Caen, 1892). Au contraire, pour tous les autres moyens d'incompétence, *ratione personæ* et *ratione loci,* les défendeurs doivent, *sous peine de nullité,* les soulever préalablement à toute autre défense.

L'article 425 décide que tous les jugements des Tribunaux de commerce sur la compétence peuvent être attaqués par voie d'appel, ils doivent donc tous être qualifiés en *premier ressort.*

I

Compétence à raison de la matière

(*ratione materiæ*)

Cette compétence d'attribution, *compétence essentielle et indispensable*, est déterminée par la nature de la cause.

Les Tribunaux de commerce sont principalement institués pour connaître de toutes les contestations relatives aux actes de commerce ; leur compétence est en général plutôt réelle que personnelle, c'est-à-dire qu'elle est déterminée par la nature du litige plus que par la qualité des parties. Ainsi, un commerçant est justiciable de la juridiction civile pour actes étrangers à son commerce si, par exemple, il est assigné en payement d'achats faits pour son usage personnel ou celui de sa famille ou encore s'il a à défendre ses droits dans le partage d'une succession.

La loi, article 632 du Code de commerce, *répute actes de commerce : Tout achat de denrées et marchandises pour les revendre, soit en nature, soit après les avoir travaillées et mises en œuvre, ou même pour en louer simplement l'usage. Toute entreprise de manufactures, de commission, de transport par terre ou par eau. Toute entreprise de fournitures, d'agences, bureaux d'affaires, établissements de ventes à l'encan, de spectacles publics ; toute opération de change, banque et courtage ; toutes les opérations des banques publiques ; toutes obligations entre négociants, marchands et banquiers ; entre toutes personnes, les lettres de change, ou remises d'argent faites de place en place.*

L'article 633 dit aussi : *La loi répute pareillement actes de commerce, toute entreprise de construction et tous achats,*

*ventes et reventes de bâtiments pour la navigation inté-
rieure et extérieure* ain i que tous les actes se rapportant au
commerce maritime.

Enfin, dit l'article 635 : *Les Tribunaux de commerce connaîtront de tout ce qui concerne les faillites, conformément
à ce qui est prescrit au livre III du Code de commerce.*

Tel est, sommairement indiqué, l'important domaine
attribué par la loi à la juridiction commerciale qui a été
établie à côté des Tribunaux ordinaires, ayant plénitude de
juridiction, avec la mission spéciale et restreinte de ne
retenir et de ne juger que les litiges dont la cause et la
matière sont indiscutablement commerciales. Il ne faut
donc pas oublier, lorsqu'il s'agit de la compétence, *ratione
materiæ*, que la juridiction commerciale est exceptionnelle
et qu'elle ne peut dès lors s'étendre par analogie à des
matières autres que celles qui lui sont expressément attri-
buées par les dispositions positives de la loi.

Il faut entendre par *marchandises* ou *denrées*, tous les
produits, naturels, fabriqués ou transformés, ainsi que tous
les objets qui se vendent ou s'achètent et dont habituellement on use sans les consommer. L'expression *marchandise,* prise en tant que matière commerciale s'applique
même à des choses incorporelles, comme à des secrets de
fabrication, à des découvertes, aux droits mêmes d'un
auteur sur ses ouvrages, mais, arrivé à ce point extrême de
l'application du mot marchandise, le juge consulaire doit
marcher prudemment s'il veut éviter d'empiéter sur le
terrain civil qui lui est interdit.

Quelques exemples d'application feront mieux compren-
dre la pensée du législateur en faisant aussi mieux apercevoir la limite souvent délicate et contestée de la juridiction
civile et de la juridiction commerciale au sujet de la matière.

Ainsi l'exploitation d'un théâtre, d'un cirque, d'un manège de chevaux de bois (Rennes, 1873), d'un café-concert, est un acte de commerce et l'entrepreneur de ces genres de spectacles, devenant commerçant, est soumis à toutes les obligations de la loi commerciale ; il peut donc être assigné devant la juridiction consulaire par des artistes en payement d'appointements ou en exécution d'engagements ; toutefois les artistes ne sont pas assimilables à des employés ni à des commerçants, la loi estimant qu'ils se contentent d'exercer leur art, d'où il suit qu'ils ne peuvent pas être appelés valablement devant le Tribunal de commerce, pas plus qu'être admis par privilège dans une faillite. Un professeur de chant qui donne un concert payant (Paris, 1857), un aéronaute qui, sans but scientifique, fait métier des ascensions en ballon, sont des entrepreneurs de spectacles publics et deviennent justiciables des Tribunaux de commerce pour contestations relatives à ces spectacles.

L'établissement d'un cercle où l'entrepreneur fournit à un certain nombre d'abonnés les jeux, les journaux, les rafraîchissements contre une rétribution est, à cause de sa nature spéculative, un acte de commerce. Au contraire, l'établissement d'un cercle deviendrait purement civil s'il s'agissait d'un cercle où les frais sont supportés en commun par les abonnés, sans bénéfices possibles pour aucun d'eux.

L'achat, par un éditeur, de productions littéraires, scientifiques ou artistiques constitue un acte de commerce. Cependant, l'auteur qui publie ses travaux et ceux de plusieurs collaborateurs ne fait pas acte de commerce ; par exemple, l'auteur de la publication du répertoire Dalloz, parce que l'œuvre intellectuelle domine le but commercial (Colmar, 1857). Au contraire, il y a acte de commerce dans la publication d'un ouvrage périodique, d'un journal, par exemple, s'il est établi que le travail publié n'est pas celui de l'auteur qui se contente d'éditer le travail d'autrui dans un but spéculatif.

Les individus qui exercent des professions libérales ou intellectuelles ne font pas acte de commerce ; ainsi le peintre achetant des couleurs (Paris, 1855), le sculpteur achetant du marbre (Lyon, 1881), l'auteur cédant à un éditeur le droit de publier son œuvre (Rennes, 1851). Un maître de pension ne fait pas non plus acte de commerce en revendant des objets qu'il achète pour la nourriture ou l'entretien de ses élèves, le but principal de ses fonctions étant de développer leur intelligence par l'instruction (Cassation, 1827).

Un médecin, même s'il fournit des médicaments à ses malades, ne fait pas non plus acte de commerce, cette vente de remèdes n'étant que l'accessoire de son art (Bourges, 1828). Toutefois le médecin, tenant une maison de santé ou de convalescence, peut être déclaré commerçant lorsqu'il est établi que son but principal est une spéculation sur le logement et l'entretien d'un grand nombre de pensionnaires (Paris, 1847).

Il a même été décidé, dans une espèce spéciale (Rouen, 1861), que le propriétaire qui vend des cailloux extraits de sa propriété, non point tels qu'elle les produit naturellement, mais après les avoir fait casser de la grosseur déterminée par les règlements pour être employés à l'entretien des routes, fait acte de commerce. Un propriétaire, dit la Cour de Lyon en 1890, qui achète des œufs destinés à être couvés artificiellement ou des animaux destinés à l'engraissement avec des produits que son fonds ne peut pas produire exerce une industrie d'exploitation commerciale.

En matière de *brevet*, la cession faite par un commerçant à un autre commerçant d'un brevet d'invention constitue un acte de commerce (Lyon, 1839). De même si la vente est faite par l'inventeur à un commerçant, sous réserve toutefois que seul l'acheteur commerçant fait acte de commerce (Bourges, 1853). La cession de brevet par un non-commerçant ne rend pas ce dernier justiciable du Tribunal de commerce.

L'action formée par un aubergiste contre un entrepreneur de travaux, en paiement de dépenses faites dans son auberge par les ouvriers de celui-ci pour leur nourriture et que l'entrepreneur s'est engagé à payer est encore de la compétence commerciale.

L'achat des instruments, machines, outils, combustibles pour alimenter une usine ou pour sa mise en marche est un acte de commerce. La Cour de cassation (1865) a admis la compétence commerciale pour un contrat d'assurance, contre les accidents de voiture sur la voie publique, consenti par une entreprise de transport à raison de la circulation de ses voitures. Cette appréciation est basée sur le but commercial ou spéculatif du contrat fait dans l'intérêt de son exploitation et dans le but de diminuer ses chances de perte.

Dans cet ordre d'idées, il convient d'indiquer que les *Sociétés d'assurance maritime ou d'assurance terrestre*, sont des entreprises commerciales; elles sont en effet créées dans un but de spéculation résultant des chances de gain ou de perte que leur font courir les différences aléatoires entre les primes et les indemnités à payer en cas de sinistres (Cassation, 1884). Toutefois les *Associations d'assurances mutuelles* sont soumises à la juridiction civile, la spéculation n'étant pas le but de leur entreprise (Cassation, 1884).

Une entreprise de construction constitue un acte de commerce de la part de l'entrepreneur, surtout si ce dernier fournit les matériaux (Paris, 1874). Il en est de même pour les travaux d'embellissement faits à un café où à un magasin (Bourges, 1878).

La jurisprudence décide encore sur ce point que l'entrepreneur de travaux pour la construction d'un pont, d'une usine, fait acte de commerce parce qu'il est obligé d'acheter les matériaux, d'employer des ouvriers sur le travail desquels il spécule et même de se servir de chevaux pour le transport (Poitiers, 1851, Paris, 1874). Au contraire, l'achat de terrains, de maisons, même avec l'intention de les revendre, n'est pas un acte de commerce.

Les contestations au sujet *d'usurpation d'enseignes, de nom commercial ou patronymique,* ainsi que tous les faits de *concurrence déloyale* sont de la compétence commerciale. Par contre, tous les différends nés à l'occasion des *brevets d'invention* ou *marques de fabrique* sont de la compétence civile, sauf, ainsi qu'il a été dit plus haut, l'achat ou la vente, entre commerçants, du droit d'exploitation.

Les Tribunaux de commerce sont aussi compétents pour connaître, entre négociants, des faits ayant le caractère de *quasi-délits,* nés à l'occasion et dans l'exercice de leur industrie; par exemple l'action en réparation du dommage causé par l'abordage de deux bateaux.

Les Tribunaux de commerce sont encore compétents lorsqu'il s'agit d'une action en dommages-intérêts réclamés à l'occasion de propos malveillants tenus dans un but de concurrence déloyale (Bruxelles, 1881). Un commerçant est également justiciable du Tribunal de commerce, à raison d'un quasi-délit résultant de son commerce même à l'égard d'un non-commerçant; ainsi une Compagnie de voitures publiques est valablement assignée par un non-commerçant devant le Tribunal de commerce en réparation du dommage causé par un accident survenu par sa faute. Toutefois on ne doit pas étendre la compétence commerciale aux obligations résultant de quasi-délits, n'ayant aucun caractère commercial (Lyon, 1891). Dans l'espèce l'action d'un particulier contre la Compagnie lyonnaise des Tramways.

Ces quelques exemples prouvent bien que le législateur, sans se préoccuper exclusivement de la qualité des personnes, a voulu réserver à la juridiction commerciale la connaissance de tous les litiges ayant pour cause un acte de commerce volontaire et habituel, basé sur une idée de spéculation et ayant pour but un bénéfice obtenu par la revente ou seulement par la location. C'est en effet l'intention de spéculer ou de revendre qui donne à l'action ou à l'achat le caractère principal d'acte de commerce.

Au surplus, l'art. 638 du Code de com. limite, même en cas de spéculation et de vente, la compétence des Tribunaux de commerce : *Ne seront point de la compétence commerciale,* dit-il, *les actions intentées contre un propriétaire, cultivateur ou vigneron pour vente des denrées provenant de son cru, ainsi que les actions intentées contre un commerçant pour payement de denrées et marchandises achetées pour son usage personnel.* Par exemple le cultivateur qui achète des animaux maigres pour les revendre après les avoir engraissés sur des terres affermées par lui (Cassation, 1875), ou bien le propriétaire qui vend le sucre fabriqué avec le produit de ses récoltes (Cassation, 1869), ou encore le meunier qui exerce sa profession sans acheter des grains pour les revendre convertis en farine (Cassation, 1847), ne fait pas acte de commerce. Un propriétaire d'eaux minérales ou thermales ne fait pas non plus acte de commerce en vendant les produits naturels de sa propriété, même en louant aussi des chambres et en fournissant la nourriture aux malades ; ces locations et ces fournitures n'étant que l'accessoire de son exploitation (Montpellier, 1874). Ne fait pas enfin acte de commerce l'acheteur de concession de mines, même en vue d'une revente (Paris, 1855).

Ces quelques exemples nous font apercevoir suffisamment la difficulté de distinguer, au milieu de toutes les circonstances spéciales de chaque cause, les éléments précis de compétence ou d'incompétence ; nous trouvons ainsi l'explication des nombreuses divergences d'appréciation qui se sont rencontrées et qui se rencontrent encore dans les arrêts de la juridiction supérieure. La limite de notre pouvoir restreint est souvent cachée et facile à franchir ; aussi pensons-nous, que ce premier point de compétence *ratione materiæ*, doit être sévèrement étudié et que l'on ne doit déclarer actes de commerce que les actions ayant eu pour origine un achat fait en vue d'une revente et pour but certain un bénéfice ne pouvant s'obtenir que par un trafic commercial et spéculatif.

Ces principes généraux examinés, il reste, avant d'arriver au second moyen de compétence, à donner quelques explications sur plusieurs points spéciaux où la compétence commerciale peut être soulevée, c'est-à-dire sur les lettres de change, les billets à ordre, les chèques ainsi que sur la caution, le mandat, les demandes reconventionnelles ou en garantie.

Relativement aux lettres de change il faut retenir que le contrat de change étant par lui-même un acte essentiellement commercial, une lettre de change, créée conformément à l'article 110 du Code de commerce, oblige commercialement tous les signataires quelles que soient la cause du contrat et la qualité des parties. Donc tout individu, commerçant ou non commerçant, ayant souscrit, accepté, endossé ou même garanti par aval, une lettre de change régulière, est engagé commercialement, même si la lettre de change n'a pas une cause commerciale. Par suite l'auto-

risation de tirer une lettre de change pour une dette civile
a pour effet de transformer cette dette en dette commerciale (Cass., 1866), mais il convient encore de répéter que
si la lettre de change ne réunit pas toutes les conditions
exigées par la loi, elle cesse d'être un acte de commerce
par elle-même et devient, dit l'article 112 du Code de commerce, une simple promesse ne pouvant retrouver le caractère commercial que par sa cause ou par la qualité des
personnes obligées.

Le billet à ordre, distinct de la lettre de change en ce
qu'il est payable par le souscripteur, n'est pas commercial
par lui-même ; sa nature est définie par l'article 183 du
Code de commerce et sa commercialité résulte uniquement
de sa cause et de la qualité des personnes liées au titre.
L'article 636 du Code de commerce dit : *Lorsque des billets
à ordre ne porteront que des signatures d'individus non
négociants et n'auront pas pour cause des opérations de
commerce, le Tribunal de commerce sera tenu de renvoyer
au Tribunal civil, s'il en est requis par l'une des parties.* Il
est important de remarquer qu'il ne s'agit pas ici d'une incompétence rigoureuse et d'ordre public, mais d'une incompétence facultative que le défendeur doit soulever avant
toute défense au fond. Au contraire, dit l'article 637 du
Code de commerce : *La compétence commerciale devient
obligatoire lorsque les billets à ordre portent en même temps
des signatures d'individus négociants et d'individus non
négociants.*

A côté de la lettre de change et du billet à ordre, il existe
le billet à domicile qui, bien que payable par le souscripteur, est tiré d'une place sur une autre place. *Ainsi A, ayant
domiciles à Lyon et à Paris, souscrit de Lyon, à B, ou à son
ordre un billet de 1,000 francs à trois mois payable à Paris.*
La jurisprudence après avoir été assez longtemps divisée

sur l'application de l'article 632 à ce billet à domicile, semble aujourd'hui établie par un arrêt de la Cour de cassation de mai 1880. Cet arrêt décide qu'un billet à ordre, payable dans un autre lieu que celui de sa création, comme c'est le cas du billet à domicile, constitue un véritable contrat de change et que dès lors ce billet, bien qu'il ait pour cause un engagement civil, devient un titre commercial. Cet arrêt semble absolument d'accord avec les derniers mots de l'article 632 : *remises d'argent de place à place.*

A côté de la lettre de change, du billet à ordre, du billet à domicile, il existe encore la traite ou billet tiré de place sur place. Ce titre, sauf le lieu du payement, a tous les caractères de la lettre de change. *Ainsi Pierre, commerçant, tire de Paris, sur Paul, non commerçant, une traite à l'ordre de Jean, payable à Paris, stipulée valeur reçue en marchandises.* Ce billet revêtu de l'acceptation du tiré, n'est pas une lettre de change, mais un véritable billet à ordre, ne pouvant être compétemment soumis au Tribunal de commerce que suivant sa cause et la qualité des endosseurs.

Le chèque, au point de vue de la compétence, est soumis à la même règle que les billets à ordre ; c'est-à-dire que, par sa nature, même s'il est tiré d'un lieu sur un autre, il n'est pas commercial par lui-même, son émission ne constituant pas un acte de commerce. Il est donc civil ou commercial suivant le caractère civil ou commercial de l'obligation à laquelle il se rattache et demeure soumis, en matière de compétence, aux prescriptions édictées pour les billets à ordre.

Enfin, d'après l'article 142 du Code de commerce, le donneur d'aval est tenu par les mêmes voies que le signataire cautionné, même si l'aval a été donné par acte séparé.

La loi décide encore que toute opération de *banque,* de

change, de *courtage*, faite dans le but de réaliser un bénéfice est un acte de commerce et que tout individu se livrant habituellement à ces opérations est commerçant. Ainsi le *banquier* qui prête des fonds en compte courant, même à un non-commerçant, fait acte de commerce (Cass., 1865). La vente ou l'achat d'une charge de courtier est un acte de commerce, qu'il s'agisse d'un courtier inscrit ou d'un courtier libre. Les banques privilégiées, telles que la *Banque de France*, le *Crédit Foncier* sont des établissements de commerce, et, par exemple, le régent de la Banque de France est justiciable du Tribunal de commerce, de même qu'il est électeur et éligible aux fonctions de juge consulaire.

En ce qui concerne les *souscripteurs d'actions* et les *commanditaires*, après quelques années d'hésitation, la Cour de cassation, le 13 août 1856, a décidé que tous ceux qui, pour participer dans la proportion de leur intérêt, aux chances de bénéfices d'une Société commerciale prennent l'engagement d'y verser, soit comme commanditaires, soit comme souscripteurs d'actions des fonds destinés à servir de garantie à ses opérations et qui, par là, concourent à la fondation du crédit de la Société et à la création même de la Société dans l'un de ses éléments essentiels, contractent, pour la réalisation de leur mise de fonds ou de leur souscription, une obligation commerciale. Cette jurisprudence se base sur la volonté de spéculer.

Il en est de même s'il s'agit d'une souscription d'actions en vue d'un cautionnement (Cassation, 1863).

Toutefois l'achat d'actions à la Bourse ou en Banque, lorsqu'il n'a pas lieu en vue d'une revente, est un acte purement civil ; par suite l'agent de change ne peut assigner son client à cette occasion devant le Tribunal de commerce. Au contraire, les opérations de bourse, consistant en achats et reventes de valeurs dans un but certain de spéculation, sont des actes de commerce (Cassation 1873, 1874) ; alors surtout qu'il est démontré que la position financière du spéculateur ne saurait légitimer l'importance de ces achats.

En ce qui concerne la *caution*, il suffit de retenir que le cautionnement, par sa nature et son origine, est un acte civil. Aussi est-il de jurisprudence constante que la caution d'une dette commerciale, n'étant en principe que civilement obligée, malgré la commercialité de l'obligation principale, ne peut être actionnée devant les Tribunaux de commerce, même conjointement avec le débiteur principal, soit qu'il s'agisse d'un cautionnement simple, soit qu'il s'agisse d'un cautionnement solidaire ; la solidarité étant sans influence sur la juridiction. Cependant la caution peut être obligée commercialement et dès lors soumise à la juridiction commerciale si elle est elle-même intéressée dans l'opération à un degré quelconque, son intervention ayant un caractère et un but spéculatifs.

Le *mandat*, par son origine, est également civil. Toutefois, il peut devenir commercial lorsqu'il intervient, pour un fait de commerce entre deux commerçants. Si au contraire il intervient entre deux personnes dont une seule est commerçante, il sera commercial à l'égard de celle-ci, mais restera civil à l'égard de l'autre. Ainsi le mandat donné à un agent de change pour acheter des valeurs en vue d'un placement est purement civil de la part du mandant et commercial à l'égard du mandataire ; par conséquent l'agent de change ne pourra assigner son client devant le Tribunal de commerce, tandis que le client pourra, à son choix, amener l'agent ou devant le Tribunal civil ou devant le Tribunal de commerce. De même, d'après ces principes, tout contrat de mandat intervenu entre un propriétaire se bornant à vendre les produits de son cru et un représentant chargé de cette vente est un acte civil de la part du

propriétaire ; par exemple, un propriétaire d'eaux minérales ou thermales ne peut pas être assigné devant le Tribunal de commerce pour contestations relatives à ce mandat.

Les *demandes reconventionnelles* formées devant les Tribunaux de commerce n'ont été laissées dans les attributions
de cette juridiction que lorsqu'il était clairement démontré
qu'elles rentraient, par leur nature, dans sa compétence lé-
gale aussi bien que la demande principale. Ainsi, il est
certain qu'un Tribunal de commerce, saisi d'une demande en
payement de marchandises est compétent pour statuer sur
la compensation basée sur une fourniture d'autres marchandises (Riom, 1849). De même, le Tribunal de commerce, saisi
de l'action d'un commis contre son patron en payement de
ses salaires est compétent pour statuer sur l'action reconventionnelle du patron en compensation de sommes tou-
chées ou détournées par ce commis (Cassation, 1865). Au
contraire, le Tribunal de commerce devant lequel est portée
une demande en payement d'une créance commerciale devient incompétent pour statuer sur une demande reconventionnelle ayant pour base de compensation des frais de
nourriture (Paris, 1850).

De même pour les *demandes en garantie*, il a été décidé
que l'individu non commerçant, appelé incidemment en
garantie par le défendeur dans une instance principale valablement engagée devant un Tribunal de commerce, n'est
justiciable de ce Tribunal que lorsque l'obligation de garantie invoquée contre lui a en elle-même un caractère commercial. —Ainsi, dans une espèce spéciale, il a été jugé par
la Cour de Lyon (1867) que le Tribunal de commerce était
incompétent pour connaître de l'appel en garantie d'un
transporteur contre un pilote non commerçant, se bornant
à guider les bateaux dans la traversée d'une ville. Le Tribunal de commerce est également incompétent pour connaître

du recours en garantie d'un vendeur, actionné lui-même par son acheteur en nullité d'une vente commerciale, contre le propriétaire non commerçant, auquel il a acheté la chose en litige (Caen, 1892. — Limoges, 1845).

En matière de *saisie-arrêt,* le Tribunal de commerce est toujours incompétent, même s'il s'agit d'une saisie-arrêt pratiquée en vertu d'un jugement du Tribunal de commerce.

Le Tribunal de commerce est compétent pour connaître d'une contestation à l'occasion d'un contrat passé en vue d'un commerce futur. Ainsi, le non-commerçant qui s'engage à payer à un tiers une somme, pour le cas où il lui procurerait un associé, est obligé commercialement (Douai, 1876). De même l'achat d'un fonds de commerce, soit pour l'exploiter, soit pour le revendre, constitue un acte de commerce (Montpellier, 1852), même si l'acheteur n'est pas encore commerçant, cet achat doit alors être considéré comme le premier acte de sa vie commerciale (Dijon, 1859). Egalement, la vente d'un fonds de commerce est de la compétence commerciale, c'est le dernier acte d'exploitation commerciale (Paris, 1870). Cependant, l'achat d'un fonds de commerce pour en faire donation à un tiers n'est pas un acte de commerce (Paris, 1858).

Aux termes de l'article 635 du Code de commerce, les Tribunaux de commerce doivent aussi connaître de tout ce qui concerne les faillites, c'est-à-dire que la juridiction commerciale doit intervenir dans toutes les opérations d'une faillite, même à l'égard des créanciers non commerçants. Cependant la jurisprudence, s'inspirant toujours de la pensée du législateur lorsqu'il a tracé le cercle limité de la compétence commerciale, est unanime à déclarer que cette disposition ne peut s'appliquer qu'aux contestations ayant un caractère commercial et non aux demandes purement personnelles ou civiles indépendantes des opérations de la faillite (Douai, 1844). — Ainsi, si les syndics de faillite, qui ne sont pas commerçants, peuvent être valablement appelés devant le Tribunal de commerce pour discuter sur une demande en dommages-intérêts à raison des fautes, négligences ou dols commis dans l'exercice de leurs fonctions ou bien encore en rendement de compte, il n'en est pas de même lorsqu'il s'agit d'une action, indépendante de la faillite, intentée personnellement contre le syndic, à raison d'un quasi-délit dont il est seul responsable et qui n'intéresse pas la masse des créanciers ; dans ce cas, le Tribunal de commerce est incompétent.

Enfin, nous laisserons dans l'ombre l'examen de la compétence que les auteurs appellent extrajudiciaire ou gracieuse. C'est là une compétence réservée ou tout au moins habituellement exercée dans un Tribunal par le Président, par exemple, *l'autorisation de vendre des marchandises neuves, le droit d'ordonner des saisies conservatoires, la saisie-revendication, la saisie en matière de contrefaçon, la vente des marchandises en souffrance, le pouvoir de désigner le jury qui présente au Gouvernement les candidats agents de change, etc.*

II

Compétence personnelle
(ratione personæ)

Ce deuxième chef de compétence, basé sur la qualité des personnes en cause, sera examiné rapidement, puisque, dans les explications fournies par l'étude de la compétence, *ratione materiæ*, il a été parlé fréquemment de la position des personnes pouvant, suivant l'origine, les effets et le but de leurs actes ou suivant leur situation même temporaire, devenir justiciables des Tribunaux de commerce. Il est cependant utile de laisser subsister la division entre ces deux moyens de compétence, puisque le premier, celui de la matière, est une compétence de juridiction, que le Tribunal doit même examiner d'office, tandis que le second, celui des personnes, est une compétence facultative, soumise à la volonté des parties en cause.

La lecture des articles 631 et 634 du Code de commerce nous fixera sur la qualité des justiciables que la loi a voulu réserver aux Tribunaux de commerce.

Art. 631. *Les Tribunaux de commerce connaîtront :*

1o Des contestations relatives aux engagements et transactions entre négociants, marchands et banquiers ; — 2o des contestations entre associés pour raison d'une Société de commerce ; — 3o de celles relatives aux actes de commerce entre toutes personnes.

Art. 634. *Les Tribunaux de commerce connaîtront également :*

1o Des actions contre les facteurs, commis des marchands ou leurs serviteurs, pour le fait seulement du trafic du marchand auquel ils sont attachés ; 2o des billets faits par les receveurs, payeurs, percepteurs ou autres comptables des deniers publics.

Tout d'abord, lorsqu'il s'agit des personnes, la compétence doit non seulement être personnelle, comme étant subordonnée à leur qualité de commerçants, mais elle doit aussi et avant tout être matérielle par la nature commerciale de l'acte en litige, d'où il suit que si l'acte porte en lui-même la preuve qu'il n'est pas commercial, il ne peut, malgré la qualité de commerçant de celui dont il émane, rendre ce dernier justiciable du Tribunal de commerce. A ce point de vue spécial, il existe encore cette différence entre les non-commerçants et les commerçants : les premiers ne peuvent être traduits devant un Tribunal de commerce qu'à la charge, par le demandeur, de prouver qu'ils ont fait acte de commerce ; tandis que les seconds sont justiciables *de plano* de la juridiction consulaire par cela seul qu'ils sont commerçants et, par conséquent, un défendeur commerçant, pour obtenir son renvoi devant le Tribunal civil, doit prouver que l'engagement cause du litige est étranger à son commerce (Cassation, 1843).

Sont réputés *commerçants* tous ceux qui exercent des actes de commerce et qui en font leur profession habituelle. L'expression générale de commerçant comprend les *négociants, marchands, fabricants, banquiers,* ainsi que *les armateurs, les assureurs, les commissionnaires, les transporteurs, courtiers, agents d'affaires.* D'une façon générale tout artisan non patenté est ouvrier et justiciable, en premier ressort au moins, de la juridiction des Prud'hommes. Toutefois ce n'est pas la patente seule qui constitue le commerçant; ainsi un individu qui fait son état habituel du négoce est commerçant quoiqu'il ne soit pas patenté ; il peut, suivant les circonstances, être passible des peines prononcées contre ceux qui négligent de se munir de cette pièce, mais il ne peut argumenter du défaut de patente pour prétendre qu'il n'est pas commerçant.

L'artisan est l'individu qui trafique de son travail manuel ou personnel, sans fabriquer des produits à l'avance. Doit être déclaré artisan celui qui se charge d'un travail personnel, soit à façon, soit avec fourniture de la matière première, même s'il emploie accidentellement le concours de quelques ouvriers (Metz, 1869). Au contraire, l'opération devient commerciale, comme constituant une entreprise de manufacture, quand elle implique une spéculation habituelle sur le travail d'autrui, même s'il s'agissait uniquement d'un travail à façon.

D'une manière générale l'*État, ses préposés, ses concessionnaires* ne sont pas justiciables du Tribunal de commerce; ainsi les fermiers d'un bac, d'un pont, des octrois, ne sont pas commerçants. Même observation pour les *débitants de tabac* qui sont des *préposés de l'Administration*. Toutefois ce préposé peut devenir commerçant si, à l'exploitation d'un bureau de tabac, il joint la vente d'articles pour fumeurs et encore, dans ce dernier cas, faut-il que cette vente soit importante et non l'accessoire obligé du débit (Cassation, 1879).

Les agents de change, les courtiers, les commissionnaires, les entrepreneurs de transport, de spectacles publics, les maîtres d'hôtel, les individus tenant pension bourgeoise, les pharmaciens, les photographes (Grenoble, 1858), *les changeurs* sont commerçants. La Cour de Lyon (novembre, 1892) a décidé qu'une femme qui fait habituellement le courtage pour le placement de capitaux par ministère d'agent de change et qui est retribuée par l'agent, fait acte de commerce et devient en ce cas justiciable du Tribunal de commerce. L'individu, non négociant, qui se fait liquidateur d'une maison de commerce se trouve nécessairement chargé d'une série d'opérations d'une nature commerciale, il devient un commis de négociants et peut, à raison de sa gestion, être traduit devant le Tribunal de commerce (Grenoble, 1891). Un *notaire*, qui se livre habituellement à des actes de commerce, tels que opérations de banque, de courtage, de placement en son nom, d'aval pour lettres de change, doit être réputé commerçant et peut dès lors être déclaré en faillite s'il est en état de cessation de payements à l'occasion d'engagements commerciaux (Bourges, 1892). Par contre, les *dentistes, pris comme opérateurs, les médecins, les vétérinaires, les sages-femmes*, ne sont pas commerçants. Les *experts* désignés par un Tribunal de commerce ne sont également pas commerçants, et spé ialement le Tribunal de commerce est incompétent pour taxer le chiffre de leurs honoraires (Lyon, 1892).

Les *agents d'affaires* sont des commerçants. Il faut généralement entendre par agent d'affaires l'individu qui, sans caractère public, se charge, moyennant salaire, de gérer les affaires d'autrui et en fait sa profession habituelle. Cette catégorie de commerçants s'occupe d'affaires nombreuses et variées. La jurisprudence est unanime à attribuer un caractère commercial à toute entreprise d'agence d'affaires, sans se préoccuper de la nature civile ou commerciale des affaires qui lui sont confiées. Ainsi sont commerçants les agents d'affaires s'occupant par profession de la gestion des propriétés immobilières, de placements de fonds, de la direction des affaires litigieuses, ainsi que ceux faisant profession de servir d'intermédiaire pour des achats ou des ventes d'effets publics ou autres opérations de bourse *Les directeurs de bureaux de placement, d'agences matrimoniales, d'entreprises de funérailles, même les traducteurs de langues étrangères* sont des commerçants. La jurisprudence n'a pas été aussi affirmative sur la nature de l'entremise des individus dont les occupations habituelles consistent à représenter les parties en justice. Ainsi il est établi que *les avocats, les avoués, les agréés, les syndics de faillites* ne sont pas commerçants, à moins que, sortant de leur profession, ils ne se livrent à des actes constitutifs de l'agence d'affaires. Par exemple, le Tribunal de commerce est incompétent pour connaître d'une action en dommages-intérêts dirigée contre un agréé par son client à raison d'une faute commise dans une instance commerciale (Douai, 1882). Les autres personnes qui font profession de postuler ou de défendre devant les juridictions où la postulation et les plaidoiries sont libres, deviennent des commerçants.

Par application spéciale de l'art. 634 du Code de com., les Tribunaux de commerce sont compétents pour connaître des demandes formées par les commis ou employés contre leur patron en payement de leur salaire ou pour toute autre action relative au commerce. Il a même été jugé (Aix, 1876) que l'engagement pris par un commerçant de faire une pension de retraite à son employé est un acte relatif au commerce justiciable de la juridiction commerciale. Le contrat de louage d'ouvrage du commis est commercial à l'égard du patron, d'où il suit que l'action formée par un commis contre son patron en payement de ses salaires est de la compétence commerciale, de même les actions relatives aux engagements contractés entre eux (Rouen, 1853) ou bien encore relatives à un cautionnement fourni dans un but spéculatif (Bordeaux, 1846). Par réciprocité, le patron peut également assigner son commis devant le Tribunal de commerce à raison d'actes se rapportant aux fonctions qu'il remplit dans sa maison (Cassation, 1865). Il a pourtant été jugé que le contrat de louage d'ouvrage entre patron et commis est purement civil à l'égard de ce dernier (Cassation, 1836) qui devient alors, à son gré, justiciable de la juridiction civile ou de la juridiction commerciale

Enfin, l'article 426 du Code de procédure civile décide que les héritiers des justiciables des Tribunaux de commerce doivent y être assignés en reprise ou même par action nouvelle (Lyon, 1891).

III

Compétence territoriale

(*ratione loci*)

Lorsqu'il n'existe plus aucun doute sur la juridiction à saisir en raison de la matière ou de la personne, il faut encore déterminer quel est le Tribunal, parmi ceux du même ordre, devant lequel la demande doit être introduite ; c'est la compétence basée sur l'*étendue de juridiction*.

Cette compétence est réglée par l'article 420 du Code de procédure civile.

Le demandeur, dit-il, *pourra assigner, à son choix* :

1° Devant le Tribunal du domicile du défendeur;

2° Devant celui dans l'arrondissement duquel la promesse a été faite et la marcha dise livrée;

3° Devant celui dans l'arrondissement duquel le payement devait être effectué.

L'application des prescriptions de cet article est très fréquente dans les procès commerciaux dès qu'il s'agit de marchés, de ventes, de livraisons et de beaucoup d'autres actes de négoce. D'une façon générale, l'article 420, dont il ne faut pas oublier le but et le pouvoir restreint, n'est applicable qu'autant que la convention, promesse ou marché,n'est pas sérieusement contestée ; en cas de contestation il appartient au juge du fond d'apprécier si cette contestation est sérieuse ou si elle constitue seulement un moyen détourné de se soustraire à cette juridiction exceptionnelle.

SUR LE PREMIER PARAGRAPHE

Le demandeur pourra assigner devant le Tribunal du domicile du défendeur.

Pas de contestation possible en ce cas sur la compétence du lieu, puisque le défendeur est appelé devant ses juges naturels.

SUR LE DEUXIÈME PARAGRAPHE

Le demandeur pourra assigner devant le Tribunal dans l'arrondissement duquel la promesse a été faite et la marchandise livrée.

Pour justifier l'application de cette faveur, la réunion des deux circonstances, *promesse et livraison*, est indispensable.

Il semble juste en effet que le débiteur puisse être assigné devant le lieu choisi par lui comme engagement et comme livraison. Si, au contraire, la promesse a été faite dans un lieu et la livraison dans un autre lieu, le Tribunal du domicile du défendeur reste seul compétent.

Pour déterminer le lieu où la *promesse* a été faite, si les contractants étaient en présence l'un de l'autre, le lieu de la promesse est celui où la convention a été arrêtée ; pas de difficulté sur une promesse ainsi établie. Si, au contraire, la promesse a été faite par correspondance, la solution est moins facile ; cependant la jurisprudence la plus accréditée détermine, qu'en pareille circonstance, le lieu de la promesse est celui de la lettre d'acceptation estimant que c'est à cet endroit que l'accord des deux volontés a été parfait et que le marché a été définitivement lié et conclu. Un récent arrêt de la Cour de Poitiers (janvier 1891) vient encore de confirmer cette interprétation. Il a été également jugé

(Nancy, 1874), que, dans un marché proposé par correspondance, lorsque le vendeur l'accepte tacitement en l'exécutant, son domicile doit être regardé à la fois comme le lieu de la promesse et de la livraison, et dès lors le Tribunal de ce domicile peut être déclaré compétent.

Dans le cas spécial, utile à signaler, puisqu'il est souvent soumis à l'appréciation des juges consulaires, où la vente a été conclue par l'entremise d'un représentant ou d'un commis-voyageur, la jurisprudence fait la distinction suivante. Si ce commis ou ce représentant doit être considéré comme ayant reçu de son patron le mandat de stipuler en son nom, le lieu de la promesse est celui où le commis a traité (Nantes, 1866). Si, au contraire, le commis n'est investi que d'un mandat restreint, nécessitant la ratification de son patron, le lieu de la promesse devient celui de la confirmation du marché. Toutefois, cette dernière opinion semble d'une application exceptionnelle et il convient de décider, sauf des espèces spéciales ou des fautes lourdes, que le représentant et le commis-voyageur engagent valablement leur patron au lieu où est traité le marché et que la ratification, n'étant qu'une confirmation, ne peut changer le lieu de la promesse (Cassation, 1879).

LIEU DE LA LIVRAISON DE LA MARCHANDISE

Le lieu de la livraison est celui où le contrat reçoit son exécution. L'article 100 du Code de commerce dit : *La marchandise, sortie du magasin du vendeur ou de l'expéditeur, voyage, s'il n'y a convention contraire, aux risques et périls de celui à qui elle appartient, sauf son recours contre le commissionnaire chargé du transport.*

La livraison, dans ce cas, doit donc être réputée opérée au lieu du domicile du vendeur ou de l'expéditeur ; c'est par conséquent devant le Tribunal de ce même lieu, si c'est aussi celui de la promesse, que l'acheteur peut être assigné. Par conséquence contráire, le lieu de la livraison d'une marchandise expédiée *franco* devient celui de l'acheteur, sauf toutefois le cas où le prix déboursé pour le transport, aurait été répété sur la facture.

Enfin, cette disposition de l'article 420 s'applique également au marché dont la livraison n'a pas été faite, et, dans un procès de ce genre, le Tribunal compétent peut être celui du lieu où la livraison devait s'effectuer, s'il est en même temps celui de la promesse.

SUR LE TROISIÈME PARAGRAPHE

Le demandeur pourra assigner devant le Tribunal dans l'arrondissement duquel le payement devait être effectué.

C'est le dernier paragraphe de l'article 420 qui, par une restriction spéciale, accorde au demandeur la faculté de saisir le Tribunal du lieu où le payement de l'obligation litigieuse devait être fait. Comme il s'agit d'une disposition exceptionnelle, il est nécessaire que le lieu du payement soit déterminé par des documents certains et, lorsqu'il existe un doute, la règle ordinaire reprend ses droits.

Par payement, il faut entendre, non seulement la numération d'une somme, mais encore l'acquit ou la décharge de toute obligation de payer, de livrer ou de faire. Ainsi, suivant un arrêt de Cassation (1825), un teinturier de Troyes qui a reçu d'un commerçant de Paris, des toiles à blanchir, est valablement assigné, pour retard de livraison, à Paris, lieu où la marchandise devait être retournée et reçue après blanchiment. Egalement, en matière de transport, le Tribunal du lieu où l'objet à transporter doit être livré, est compétent pour connaître des contestations entre le transporteur et le destinataire (Paris, 1850, Angers, 1853). Jugé aussi qu'un voyageur dont les bagages ont été perdus ou égarés peut actionner la Compagnie devant le Tribunal de commerce du lieu de sa destination (Poitiers, 1861).

Un commis est aussi régulièrement assigné devant le Tribunal du domicile commercial de son patron, en reddition de compte de sa gestion (Marseille, 1870). De même, pour les représentants ou voyageurs, le Tribunal de commerce du lieu d'exercice de leurs fonctions et du payement de leurs appointements ou commissions est compétent (Cassation, 1857). L'action en payement d'une lettre de change ou d'un billet à ordre peut être portée devant le Tribunal du lieu indiqué pour le payement, si les assignés sont liés au titre.

Lorsqu'il s'agit d'une action de payer en matière de vente, il faut distinguer, pour connaître le lieu du payement, si ce payement doit être fait au comptant ou à terme. Lorsque la vente est faite au comptant, le lieu du payement est celui où la chose vendue a été livrée et mise aux risques de l'acheteur. Au contraire si la vente est à terme, le lieu du payement est celui du domicile de l'acheteur, à moins de conventions spéciales. C'est ainsi, pour établir en leur faveur le lieu du payement, que les vendeurs, sur leurs factures ou les acheteurs, sur leurs notes de commissions, ajoutent les mots : *payable à...* pour établir un droit de juridiction en faveur du Tribunal de leur choix. Cependant la seule indication sur une facture que le prix sera payé au domicile du vendeur ne saurait attribuer juridiction au Tribunal de ce domicile par la raison que nul ne peut se créer un titre à lui-même (Paris, 1868, Nancy, 1878), mais il faut se hâter d'ajouter que cette indication devient obligatoire si l'acheteur y donne son adhésion, même tacite, en recevant, par exemple, les marchandises et la facture sans protestation

(Cassation, 1872). Peu importe, dans cette dernière hypo-
thèse, que le vendeur ait été autorisé à tirer ou ait effecti-
vement tiré une traite, alors que cette émission de traite
n'a pas eu pour but de déroger à la condition expresse de
payement à un domicile stipulé, mais seulement de faciliter
à l'acheteur le moyen de se libérer, sans déroger aux conditions de compétence résultant des énonciations de la facture (Toulouse, 1874, Bordeaux, 1876).

Il a été jugé (Grenoble, 1864, Besançon, 1873) que le
refus par l'acheteur de recevoir les marchandises enlevait
tout effet à la clause attributive de compétence insérée dans
la facture, alors que cette facture n'a pas été définitivement
acceptée par l'acheteur. Si au contraire il ne s'agit que d'un
refus partiel, les énonciations de la facture deviennent exé-
cutoires (Douai, 1856). Il convient encore de remarquer que
la clause imprimée sur une facture, attribuant compétence
au domicile du vendeur, doit être considérée comme nulle,
bien que l'acheteur n'ait pas protesté contre elle, si elle
est contraire aux conditions de la vente. Ainsi la vente
faite par un commis-voyageur, avec condition de payement
au passage du voyageur, détermine comme lieu de payement
le domicile de l'acheteur, même si la facture adressée porte
que le payement sera fait au domicile du vendeur (Nîmes,
1857). Enfin, lorsqu'une facture porte, tout à la fois, une
clause imprimée d'après laquelle le payement doit avoir lieu
au domicile du vendeur et une clause manuscrite d'après
laquelle il doit avoir lieu en un mandat à telle échéance,
cette dernière clause doit être considérée comme modifiant
la première et le payement est réellement fait au domicile
de l'acheteur (Lyon, 1869, Rennes, 1876). C'est pour éviter
les conséquences de cet arrêt que l'usage est d'indiquer
sur les factures que l'émission ou l'acceptation des traites
ne sont pas une dérogation au lieu de payement énoncé.

IV

Détermination du ressort.

Il nous reste, pour compléter ce résumé, à examiner comment les Tribunaux de commerce doivent *qualifier leurs jugements au point de vue du ressort.*

Cette qualification est déterminée par l'importance de la valeur du litige et suivant les prescriptions de l'article 639, du Code de commerce, ainsi conçu :

Les Tribunaux de commerce jugeront en dernier ressort : 1° Toutes les demandes dans lesquelles les parties, justiciables de ces Tribunaux, et usant de leurs droits, auront déclaré vouloir être jugées définitivement et sans appel.

C'est là ce que l'on nomme une *prorogation de juridiction.* Pour exercer valablement ce droit il faut deux conditions essentielles : 1° le consentement absolument volontaire et certain de personnes maîtresses de leurs droits ; 2° la compétence, au moins en premier ressort, du Tribunal de commerce saisi, car, dans cette latitude laissée par la loi, la volonté des justiciables peut bien étendre la juridiction d'un Tribunal, mais elle no saurait la créer, ce qui revient à dire que deux commerçants peuvent, quel que soit le montant des litiges, se mettre d'accord sur un jugement en dernier ressort à la condition toutefois, pour le Tribunal saisi, de trouver dans la cause tous les autres éléments de compétence et notamment la compétence *ratione materiæ,* qu'il doit examiner d'office.

Le deuxième paragraphe de l'article 639 dit : *Les Tribunaux de commerce jugeront en dernier ressort toutes les demandes dont le principal n'excèdera pas 1,500 francs.*

Il est évident tout d'abord que pour déterminer le ressort, il faut uniquement avoir égard au chiffre de la demande et non au chiffre des condamnations, autrement les juges du premier degré pourraient à leur volonté priver les parties du recours devant la juridiction supérieure.

Les demandes accessoires, c'est-à-dire les intérêts, les frais, les droits d'enregistrement suivent en général le sort de la demande principale et sont sans influence pour déterminer le ressort.

Relativement aux *dommages-intérêts*, fréquemment demandés dans les instances commerciales, il y a lieu de faire une distinction ; ceux réclamés par le demandeur pour *cause postérieure à l'introduction de l'instance* ne doivent pas être joints à la demande principale pour déterminer le ressort ; ceux au contraire réclamés pour *cause antérieure, sauf l'exception importante prévue au dernier paragraphe de l'article 639*, doivent s'ajouter à la demande.

Il en est de même *pour les intérêts :* ceux échus avant l'instance doivent s'ajouter au capital pour fixer le ressort ; il est important toutefois de noter que, à moins de stipulations contraires, les intérêts ne sont dus que du jour de la demande en justice.

C'est par application de ces principes généraux qu'une demande, concluant, à titre de dommages-intérêts, à l'affichage ou à l'insertion du jugement, est en premier ressort, quel que soit le chiffre de la demande principale, la valeur de cette demande subsidiaire étant indéterminée. Dans ce cas, la Cour de cassation (1843) a décidé que les juges d'appel ne sauraient déclarer l'appel irrecevable en se fondant sur ce que les frais d'affiche, joints à la réclamation principale, ne dépassent pas le taux du dernier ressort.

Quand la somme demandée est indéterminée ou quand

il s'agit d'une demande non appréciable en argent, l'appel
est de droit; ainsi les demandes en suppression ou usurpation d'enseignes, de noms, de marques de fabrique, les
demandes en nullité de Sociétés commerciales, sont en
premier ressort. Egalement la demande tendant à faire
condamner le défendeur au paiement de 20 francs de dommages-intérêts par chaque jour de retard (Cassation, 1867).

Dans les *demandes alternatives, c'est-à-dire dans les
demandes où une somme est réclamée en cas de non-exécu-
tion de l'obligation principale,* il suffit que l'un des termes
de cette demande excède le taux du dernier ressort pour
que le jugement soit susceptible d'appel (Nancy, 1868).
Ainsi, on doit considérer comme en premier ressort le
jugement qui statue sur une demande tendant à l'exécution
d'un marché d'une valeur supérieure à 1,500 francs bien
que le demandeur ait conclu, pour le cas de non-exécu-
tion, au payement d'une somme inférieure à 1,500 francs à
titre de dommages-intérêts (Orléans, 1856).

Lorsqu'une même demande, formée par un seul exploit,
comprend plusieurs sommes, c'est le total qui fixe le
ressort, peu importe la division ou la cause des divers
chefs de la demande (Cassation, 1856). Dans ce cas, en
effet, il n'existe qu'une action.

Au contraire lorsqu'un débiteur, obligé sans solidarité
avec d'autres co-débiteurs, est assigné avec eux en paiement de sa part, inférieure à 1,500 francs dans la dette
générale, le jugement est en dernier ressort, quand bien
même la dette totalisée est supérieure à 1,500 francs (Cassation, 1860, 1863).

Également si plusieurs personnes réclament par le même
exploit contre un seul défendeur des sommes qui réunies
excèdent 1,500 francs, mais qui isolément sont inférieures

à ce chiffre, le jugement est en dernier ressort (Cassation, 1866, 1868). A plus forte raison en est-il ainsi dans le cas où deux demandes formées par exploits distincts auraient été jointes par le Tribunal ; la jonction n'ayant pour effet que d'épargner des frais aux justiciables (Cassation, 1830).

Si la demande originaire est réduite, par conclusions signifiées, à la somme de 1,500 francs ou au-dessous, le jugement devra être en dernier ressort (Paris, 1867) ; de même, si une demande indéterminée est précisée en cours d'instance (Cassation, 1865, 1870). Toutefois, dans ce dernier cas, la réduction ne saurait enlever le droit d'appel au défendeur condamné par défaut (Cassation, 1814) ; si au lieu de réduire sa demande le demandeur l'augmente au-dessus de 1,500 francs, le jugement devient en premier ressort (Orléans, 1864).

Dans le cours d'une instance, dont la demande est inférieure à 1,500 francs, les Tribunaux peuvent être incidemment appelés à interpréter une obligation ou un contrat, même à en prononcer la nullité, ces questions, purement incidentes, suivent la demande principale et peuvent être jugées en dernier ressort. Les procès verbaux d'enquête, les rapports d'experts, les incidents de procédure sont appréciés en dernier ressort, bien entendu si la demande principale est inférieure à 1,500 francs (Paris, 1858) ; toutefois il faut bien retenir que les *jugements sur la compétence* ainsi que les *jugements déclaratifs de faillite* sont toujours en premier ressort. Spécialement (Code de commerce 440), le jugement prononçant une faillite est toujours exécutoire provisoirement.

Le troisième et dernier paragraphe de l'article 639, dit :

Les Tribunaux de commerce jugeront en dernier ressort les demandes reconventionnelles ou en compensation,

*lors même que, réunies à la demande principale, elles excé-
deraient 1,500 francs. Si l'une des demandes principales
ou reconventionnelles s'élève au-dessus des limites ci-haut
indiquées, le Tribunal ne prononcera sur toutes qu'en
premier ressort. Néanmoins il sera statué en dernier ressort
sur les demandes en dommages-intérêts lorsqu'elles seront
fondées exclusivement sur la demande principale elle-
même.*

On appelle *demande reconventionnelle* toutes celles formées par le défendeur en cours d'instance, tendant soit à
diminuer ou à éteindre, par voie de compensation, la
demande principale soit à obtenir des condamnations contre
le demandeur originaire.

Une jurisprudence ancienne, par application de l'article
639, décidait que le jugement était en premier ressort si le
total des deux demandes excédait 1,500 francs; la loi de
1840 a modifié là jurisprudence sur ce point en décidant que
lorsqu'une demande reconventionnelle ne dépasse pas
1,500 francs le Tribunal statue en dernier ressort tant sur la
demande principale que sur la demande reconventionnelle,
encore bien que ces deux demandes réunies dépassent le
chiffre du dernier ressort; il suffit que chacune d'elles
prises isolément n'excède pas ce chiffre.

Toutefois, hâtons-nous de le dire, le dernier alinéa de
l'article 639 formule une exception d'une grande importance
et d'un emploi fréquent : *Néanmoins,* dit-il, *il sera statué
en dernier ressort sur les demandes en dommages-intérêts
lorsqu'elles seront fondées exclusivement sur la demande
principale elle-même.*

Cette mesure a pour but d'empêcher les plaideurs de
mauvaise foi de former une demande reconventionnelle
supérieure au taux du dernier ressort dans le but unique de
se ménager les délais d'un appel. Mais cette exception ne-

doit s'appliquer qu'à la demande reconventionnelle exclusivement basée sur la demande principale. Si la demande reconventionnelle a une autre cause, le jugement reste en premier ressort. Cette exception s'applique aussi bien à la demande en dommages-intérêts formulée par le demandeur qu'à la demande opposée par le défendeur ; son application étant toujours subordonnée à sa cause et aux motifs qui l'appuient.

Tels sont les principes généraux de la compétence commerciale. Comme conclusion, il convient, pour suivre la volonté du législateur et l'esprit de la jurisprudence, de retenir que les Tribunaux de commerce doivent, avant tout examen au fond se préoccuper de la nature des litiges, de façon à rester dans les limites de leur juridiction exceptionnelle. Même en se renfermant dans ces limites, modestes relativement au vaste domaine des Tribunaux ordinaires, les juges consulaires trouveront encore un terrain assez large, des questions assez nombreuses, assez importantes et assez intéressantes à examiner, pour occuper leur activité ; ils trouveront aussi, en récompense de leur dévouement la satisfaction intime et particulièrement honorable de protéger les intérêts dont ils sont institués les gardiens en aidant aussi à la défense de l'honneur et de la loyauté commerciale.

Lyon, Octobre 1893.

Lyon. — Impr. P. Mougin-Rusand, rue Stella, 3.

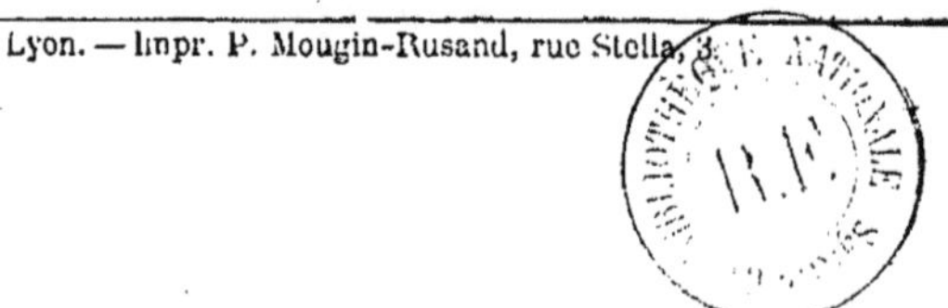

www.ingramcontent.com/pod-product-compliance
Ingram Content Group UK Ltd.
Pitfield, Milton Keynes, MK11 3LW, UK
UKHW021153140726
13695UKWH00005B/2125